AF359332

CATÉCHISME

POLITIQUE,

DÉDIÉ

AUX AMIS

DE LA LIBERTÉ.

1792.

AUX AMIS
DE LA LIBERTÉ.

Amis de la liberté, tout le monde raifonne fur les queftions politiques, & peu de gens les entendent. J'ai conçu le projet de raifonner à mon tour, & de corriger quelques erreurs qui, adoptées par le grand nombre, peuvent devenir funeftes à tous. J'ai voulu foutenir le courage des uns, modérer l'enthoufiafme des autres, prêcher à chacun l'union, la fubordination, l'obéiffance aux lois, fans lefquelles il n'y a ni fociété, ni patrie, ni bonheur.

Amis de la liberté, ces objets font faits pour exciter votre énergie & vous faire braver tous les dangers ; parlez, montrez-vous, jouiffez de l'afcendant que vous donne la belle caufe que vous foutenez, & n'oubliez pas que quand la patrie eft menacée, toute la prudence eft d'avoir du courage. Que diroit de vous l'hiftoire ? quels hommes feriez-vous aux yeux de la poftérité, fi, ayant tant fait pour être libres, vos ennemis, par des divifions, des méfiances, des foupçons femés à propos, parvenoient à vous redonner des fers ? Quelle race frivole &

dégradée , quelle nation inconstante &
meprisable seroient les Français parmi les
peuples généreux qui ont tenté de secouer
les fers de la tyrannie ! Comparez vos
ressources , votre population & vos ri-
chesses , aux moyens étroits & presque
nuls d'un petit nombre de Bataves bra-
vant fierement ce Philippe d'Espagne , ce
monarque le plus orgueilleux & le plus
puissant d'Europe : rappelez le souvenir
de quelques montagnards Suisses triom-
phant du despotisme autrichien ; songez
à ces braves Américains dont l'accord &
le courage ont fait tous les succès ; & après
ces exemples , douterez-vous que , dans la
belle cause qui vous agite , le triomphe soit
en vos mains , & que la faute en sera toute
entiere à vous-mêmes , s'il vous échappe ?

AMIS DE LA LIBERTÉ, ce triomphe est
le premier vœu de mon cœur ; j'ai cru le
servir par quelques réflexions , écrites sans
apprêt , mais rédigées dans toute la véra-
cité de mon ame ; je les dépose en vos
mains pour les faire fructifier & les éten-
dre. Mon nom n'y peut ajouter aucun prix :
il me suffit de vous dire que sans ambition
& sans crainte , n'ayant besoin que de ma
conscience pour être content de moi , jamais je ne me cache ni ne me montre. Lisez
la liste des bons citoyens , vous m'y trou-
verez toujours , & c'est assez se faire con-
noître.

CATÉCHISME
POLITIQUE.

CHAPITRE PREMIER.

De la Souveraineté.

Demande. Qu'est-ce que la souveraineté dans une société ?

Réponse. C'est le pouvoir d'y faire tout ce qu'on veut & comme on le veut.

D. Combien y a-t-il d'especes de souveraineté ?

R. Il y en a deux très-distinctes, la souveraineté de fait & celle de droit.

D. A qui appartient dans une société la souveraineté de fait ?

R. Au plus fort.

D. Et celle de droit ?

R. A ceux à qui la nature l'a donnée, c'est-à-dire, au corps entier de la société, qui, ayant plus

de force & d'intelligence qu'aucun de ſes membres , eſt de droit le ſouverain de tous.

D. Une ſociété peut-elle ſe dépouiller de ſa
ſouveraineté ?

R. Pas plus qu'elle ne peut ſe dépouiller de ſes
forces phyſiques & morales, & de tous les autres
attributs que la nature lui a donnés.

D. Quel eſt le principal objet de cette ſouveraineté ?

R. De remplir la condition eſſentielle du paĉte
ſocial , qui eſt le bonheur de tous ; & pour cela,
de faire des lois , former un gouvernement, cir-
conſcrire tous les pouvoirs, de façon que l'un
n'empiete jamais ſur l'autre.

D. Une nation peut-elle remplir par elle-même
les fonĉtions de la ſouveraineté ?

R. Si elle peut ſe réunir toute entiere en aſſemblée délibérante, & ſi le grand nombre eſt aſſez
inſtruit pour traiter les matieres importantes de
la légiſlation, elle peut par elle-même exercer ſa
ſouveraineté ; dans le cas contraire , elle ne le peut
pas.

D. Que doit donc faire une nation qui eſt ou
trop nombreuſe, ou en général trop ignorante
pour exercer ſa ſouveraineté ?

R. Elle en doit confier l'exercice à quelques
hommes ſages pris dans ſon ſein, & ces hommes
ſont alors ſes commiſſaires ou ſes repréſentans.

D. La nation peut-elle refuſer ſon conſentement
aux lois faites par ſes repréſentans ?

R. Non : elle s'y eft affujettie par avance, en les inveftiffant de fes pouvoirs. D'ailleurs, le commettant ne défavoue pas fon commis, tant que celui-ci ne fort pas des bornes de fa miffion.

D. Quel doit être le but d'un repréfentant du peuple ?

R. Celui de découvrir la volonté générale, & de s'y conformer.

D. Comment des lois faites par des repréfentans feront-elles cenfées l'expreffion de la volonté générale du peuple ?

R. A la rigueur, ce n'eft que dans la pure démocratie que la loi eft l'expreffion de la volonté générale, parce que là tous délibérant, la majorité fait la loi. Cependant dans un gouvernement repréfentatif, le confentement ou formel ou tacite de la majorité du peuple à la loi faite par fes repréfentans, manifefte affez le vœu de la majorité, & fait que la loi eft encore l'expreffion de la volonté générale.

D. Comment appelez-vous ceux qui, fans une délégation fpéciale de la nation, exerceroient dans fon fein le pouvoir fouverain ?

R. Je les appelle des *tyrans* ; car tyran veut dire, non celui qui exerce des cruautés arbitraires contre les membres de la fociété, mais celui qui en a ufurpé le pouvoir fuprême, fût-il d'ailleurs un Trajan ou un Marc-Aurele.

D. D'après cette définition de la tyrannie, tous

les rois de l'Europe feroient donc des tyrans?

R. Ils le font réellement tous, puifque tous ont ufurpé l'exercice de la fouveraineté, à l'exception du roi de Danemarck, à qui la nation l'a déféré vers le milieu du fiecle dernier.

D. Mais ces rois ufurpateurs ou tyrans n'ont-ils pas prefcrit dans leur ufurpation, & ne feroit-ce pas une injuftice de les en dépouiller?

R. La prefcription n'eft qu'une loi civile néceffaire pour affurer les propriétés particulieres; elle n'a aucun rapport à la fouveraineté des peuples ni aux droits qui en découlent.

D. Cette fouveraineté nationale peut-elle être exercée par une fection du peuple?

R. Pas plus que par un individu; cette fection ufurpatrice formeroit alors une ariftocratie tyrannique, infiniment plus oppreffive que la tyrannie d'un feul.

D. Mais fi toutes les affemblées primaires de France fe conftituoient permanentes, ne pourroient-elles pas exercer la fouveraineté qui réfide effentiellement en elles?

R. 1°. Il eft phyfiquement impoffible que toutes les affemblées primaires de France deviennent permanentes; les hommes qui les compofent ont plus befoin de travailler que de délibérer.

2°. Fuffent-elles permanentes, il n'y auroit entr'elles ni unité de vues, ni unité d'intérêts; ce ne feroit plus la nation en corps, ce feroit autant de petites républiques fédératives qu'il y auroit d'assemblées primaires, c'est-à-dire, la société la plus incohérente, le gouvernement le plus monstrueux qu'il fût possible d'imaginer.

Ainsi une grande nation ne sauroit exercer la souveraineté par elle même, & l'usurpation de ce pouvoir par un ou plusieurs individus, est une vraie tyrannie, qui toujours finit par l'asservissement ou par l'anarchie.

D. Que direz-vous donc des sections de la commune de Paris, qui, depuis la journée du 10 Août, se sont déclarées permanentes.

R. Je dirai qu'en vertu de la loi, la commune de Paris avoit une organisation particuliere ; qu'il y existoit de droit une permanence des sections, auxquelles on a seulement donné une plus grande activité depuis la journée du 10 Août ; qu'ayant clairement vu que la cour vouloit détruire la constitution par la constitution même, l'insurrection étoit devenue pour Paris *le plus saint de tous les devoirs*, & que dans l'insurrection toute démarche est légitime, quand elle tend au salut du peuple ; que ce salut ordonnoit impérieusement de se méfier de toutes les administrations existantes ; que ces administrations n'ayant été formées que par la commune de Paris, celle-ci n'usurpoit le pouvoir de personne en les renouvelant.

CHAPITRE II.

De la Liberté.

D. COMBIEN diftingue-t-on d'efpeces de liberté?

R. On en diftingue deux efpeces, la liberté politique & la liberté civile.

D. En quoi confifte la liberté politique d'une nation ?

R. A faire fes lois par elle-même ou par fes repréfentans.

D. Et la liberté civile ?

R. La liberté civile confifte en ce que chaque citoyen n'obéiffant qu'à la loi faite par le peuple ou par fes délégués, nul ne foit contraint de faire ce qu'elle n'ordonne pas, ou de s'abftenir de ce qu'elle ne défend pas.

D. La liberté civile ne fauroit donc exifter fans la liberté politique ?

R. Sans la liberté politique, la liberté civile n'eft qu'un vain nom ; ou plutôt, fous un tyran maître de faire des lois au gré de fon intétêt & de fes caprices, la fociété n'eft plus qu'un troupeau d'efclaves.

D. Les membres d'une telle fociété peuvent-ils fe dire citoyens ?

R. Le citoyen eft l'homme libre, c'eft-à-dire, celui qui fait fes lois ou délegue fes pouvoirs pour les faire. A Rome il n'y avoit de citoyens que ceux qui opinoient dans le fénat ou dans les comices.

D. Que faut-il donc penfer des Français qui, avant la révolution, fe difoient citoyens de Paris, de Calais, de Touloufe, &c ?

R. Qu'ils étoient de pitoyables fanfarons, confondant le titre de citoyen avec celui de bourgeois, s'arrogeant ainfi les droits de la fouveraineté, & méritant d'être punis pour crime de lefe-majefté, fi le gouvernement d'alors eût été conféquent à fes principes.

D. Quel eft le crime de celui qui ravit au peuple fa liberté politique, ou l'empêche de l'acquérir ?

R. Ce crime eft celui de la tyrannie, c'eft-à-dire, de l'ufurpation de la fouveraineté ; & s'il èft vrai que l'énormité d'un crime fe doit mefurer par l'étendue des maux qu'il entraîne, nul doute que celui-ci ne foit le plus grand que l'homme puiffe commettre.

D. Que doit faire un peuple auquel on a rav fa liberté ?

R. La réfiftance à l'oppreffion étant un droit naturel de l'homme, tout peuple opprimé doit s'élever contre le tyran ; & cet état de lutte de l'opprimé contre l'oppreffeur, que celui-ci appelle révolte, l'homme jufte l'appelle *infurrection.*

D. Que penfez-vous de cette maxime qu'on appeloit chrétienne, tant célébrée par notre ci-devant clergé, que les rois tiennent leur puif-fance de Dieu, qu'on doit en confcience leur obéir, fuffent-ils des tyrans ?

R. Je penfe que des prêtres enfeignant d'auffi funeftes maximes, devroient être bannis de toute fociété bien ordonnée ; & que les Anglais, en fai-fant pendre un théologien pour les avoir prê-chées, firent un grand acte de juftice & de bon exemple.

D. La liberté peut-elle exifter fans l'obfervance des lois ?

R. Sans l'obfervance des lois, la liberté périt par l'anarchie ou par le defpotifme : par l'anar-chie, fi tous veulent gouverner ; par le defpo-tifme, fi le plus fort s'empare de la fouveraineté & dicte fes lois.

D. De ces deux calamités qui s'accordent éga-lement à détruire la liberté publique, laquelle eft la moins funefte ?

R. L'anarchie eft plus funefte que le defpo-tifme ; mais le premier de ces fléaux amene bien-tôt le fecond, parce que détruifant tout gouver-nement & ifolant toutes les forces, l'anarchie préfente au defpote un moyen prompt & fûr de tout affervir.

D. Que doivent le plus défirer les ennemis de la révolution ?

R. Ils doivent fur-tout défirer l'anarchie, c'eſt-à-dire, un tel état de choſes, où tous étant à la fois gouvernans & gouvernés , perſonne ne reconnoiſſe ni lois ni autorités.

D. Un tel excès de déſordre peut-il jamais exiſter ?

R. Non, ſans doute, parce que dans toute ſociété le plus grand nombre veut l'ordre , & a grand intérêt de le maintenir ; mais en approcher de trop près eſt déjà un grand malheur.

D. Par quels moyens a-t-on tenté d'amener l'anarchie en France , quoiqu'on parût tant la redouter ?

R. En diſtribuant à propos des hordes de fripons ſoudoyés pour commettre des excès , en excitant le fanatiſme des prêtres , en corrompant quelques agens de l'autorité publique, & ſe ſervant de leur exemple pour répandre la méfiance ſur tous.

D. Quels ſont les reſſorts cachés qui ont fait mouvoir toute cette ligue d'agitateurs & de fripons ?

R. La cour , qui vouloit nous forcer à regreter l'ancien régime ; des ſpéculateurs ambitieux , qui eſpéroient y trouver l'occaſion de s'enrichir ; les deſpotes voiſins , qui, en prolongeant nos troubles, étoient ſûrs de prolonger leur domination dans le commerce extérieur & dans la diplomatie européenne.

D. Les clubs n'ont-ils pas auffi influé dans les défordres ?

R. Sans s'en douter, ils ont pu être dans quelques lieux inftrumens d'ambition & de malice. Leurs ennemis, pour les rendre odieux & ridicules, les ont pouffés quelquefois au mépris des autorités légales, eux qui fe difoient les amis de la conftitution, c'eft-à-dire, des lois ; mais la haine franche des ariftocrates contr'eux, prouve affez que les clubs ne les ont pas bien fervis.

D. Comment les clubs ont - ils favorifé & favorifent - ils encore les progrès de la révolution ?

R. En formant l'opinion publique, qui eft le plus puiffant rempart de la liberté ; contenant le fanatifme facerdotal, dénonçant les mauvais citoyens, ôtant le mafque aux hypocrites, infpirant la confiance au peuple, détruifant les relations menfongeres de fes ennemis, l'éclairant, l'échauffant du pur amour de la liberté.

D. Et cette liberté, une fois qu'elle eft conquife, comment peut-elle fe conferver ?

R. Par les bonnes mœurs, & non point autrement.

D. Qu'entendez - vous par les bonnes mœurs d'un peuple ?

R. J'entends l'obéiffance aux lois, le courage, l'amour de la gloire, inféparable de celui de la patrie ; le mépris du luxe, de la molleffe & de la petite vanité ; le défintéreffement, l'amour du travail & de l'égalité.

D. Et cette égalité dont on parle tant, dont on fe fert fi fouvent pour tromper les ignorans & fervir les ambitieux, en quoi la faites-vous confifter ?

R. En ce qu'il n'y ait aucune diftinction d'origine ; que tous, foumis aux mêmes lois, *naif-fent & demeurent égaux en droits* ; ce qui ne veut pas dire égaux en lumieres, en fortune, en talens, en vertu, car ces fortes d'égalités font abfurdes & hors de la nature.

D. Quand les mœurs d'une nation font dépravées, quel eft le plus puiffant moyen de les réformer ?

R. L'inftruction publique. Elle feule peut placer dans l'ame des citoyens le germe de toutes les vertus.

D. Pourquoi l'ancien gouvernement avoit-il livré l'inftruction au hafard des circonftances, & l'avoit même confiée à des gens intéreffés à la corrompre ?

R. Un mauvais gouvernement ne pouvant fe foutenir que par de mauvaifes mœurs, il eft naturel qu'il cherche à dépraver, non à réformer, & qu'il fe ligue avec ceux qui ont même intérêt que lui.

D. Quel eft le réfultat néceffaire des bonnes mœurs ?

R. C'eft le bonheur de la fociété. Puis, chacun aimant cette fociété en proportion du bien & de la gloire qu'elle lui procure, l'amour de foi fait naître dans tous l'amour de la patrie, feul foutien des empires, & dernier réfultat de toute bonne affociation.

D. Pouvoit-il exifter parmi les Français un véritable amour de la patrie avant la révolution ?

R. Sous un gouvernement abfolu, il n'exifte pas de patrie, puifqu'il n'y a pas de liberté.

L'efclave peut tenir à fon pays, fon climat, fes habitudes, comme l'animal tient au fol qui l'a vu naître ; mais le fentiment généreux de l'amour patriotique ne germe pas dans fon ame.

D. Et cet amour des rois qui façonnoit fi bien les Français à l'efclavage, que m'en dites-vous ?

R. Je dis qu'il n'étoit autre chofe qu'un amour patriotique dévoyé, auquel le defpotifme avoit fû donner le change, & lui imprimer une efpece de caractere religieux. Voyez ce qu'il eft devenu, quand vous avez eu véritablement une patrie, & qu'au lieu de l'ombre vous avez faifi la réalité.

CHAPITRE

CHAPITRE III.

Du Gouvernement.

D. Qu'entendez-vous par gouvernement ?

R. C'est l'enfemble des pouvoirs établis pour faire jouir chaque membre de la fociété des droits qu'elle lui garantit, & le forcer à remplir les devoirs qu'elle lui impofe.)

D. Combien diftingue-t-on de ces pouvoirs ?

R. On en diftingue ordinairement trois : le pouvoir légiflatif, le pouvoir exécutif & le pouvoir judiciaire ; mais, dans le fait, il n'en exifte que deux, l'un qui fait les lois, l'autre qui les fait exécuter.

D. D'où dérivent tous ces pouvoirs ?

R. Ils dérivent du peuple, comme étant de droit le vrai fouverain.

D. Qu'eft-ce qu'un gouvernement qui réunit dans les mêmes mains le pouvoir légiflatif & le pouvoir exécutif ?

R. C'eft proprement un gouvernement defpotique, puifqu'il donne à un homme, ou à plufieurs hommes réunis, le droit de tout ordonner & tout exécuter. Voilà pourquoi l'affemblée nationale de France ne peut, fans détruire la liberté publique, s'arroger la moindre part dans le pouvoir exécutif, ni dans le pouvoir judiciaire ; voilà pourquoi encore toutes les monarchies d'Europe, à l'exception de l'Angleterre, réunissant ces pouvoirs dans la main du monarque, font, dans le fait, des gouvernemens despotiques.

D. Comment appelez-vous le gouvernement dans lequel le peuple délegue l'exercice de tous ses pouvoirs ?

R. Cette sorte de gouvernement, inconnu des anciens, partiellement adopté par les Anglais, existant dans toute sa perfection chez les Américains, est le gouvernement *représentatif.*

Si le pouvoir législatif est confié à une assemblée élue par le peuple, & le pouvoir exécutif à un seul homme, le gouvernement devient monarchique, & tel étoit celui de France par la constitution de 91.

Si, au contraire, ces pouvoirs font confiés à des assemblées ou corps distincts, dont les membres temporaires font élus par le peuple ou par ses délégués, le gouvernement est purement républicain, & c'est la forme adoptée dans les états-unis d'Amérique.

D. Quels font les inconvéniens inséparables du gouvernement monarchique ?

R. Si la monarchie est élective, chaque nouvelle élection devient une forte de crise révolutionnaire, qui peut entraîner la guerre civile, laisse après elle des mécontens, affoiblit l'état, & prépare fa diffolution & fa ruine. L'exemple de la Pologne attefte cette trifte vérité.

Si la monarchie eft héréditaire, la fonction publique la plus importante, livrée au hafard de la naiffance, devient fouvent le partage d'un enfant, d'un imbécille, d'un homme fans talens & fans vertu, auquel on n'oferoit confier l'adminif-tration d'un village.

Dans cette forte de gouvernement, on établit gardien de la liberté publique, celui qui a le plus d'intérêt à la détruire, & les plus puiffans moyens d'y réuffir. Ces moyens font fur tout la direction & le commandement de la force publique, les tréfors de la lifte civile, la nomination aux emplois les plus honorables & les plus lucratifs. Avec ces fecours, & dans moins d'un fiecle, le roi d'Angleterre s'eft rendu maître du parlement, s'eft emparé, dans le fait, du pouvoir légiflatif; & après avoir ainfi détruit la liberté politique de fon pays, ne peut manquer d'anéantir dans peu la liberté civile à laquelle il a porté déjà plus d'une atteinte.

En outre, un roi n'exifte nulle part fans courtifans. Or, une cour eft par-tout une école d'intrigue, d'adulation & de baffeffe, un foyer de corruption pour les mœurs publiques, aviliffant tout, dépravant tout, facrifiant tout à l'ambition & aux intérêts du prince, que le courtifan ne fépare jamais de fes intérêts propres.

Obſervez encore que le gouvernement monarchique accable les peuples par les frais énormes
qu'il entraîne ; qu'outre une liſte civile qui ſuffi-
roit ailleurs à toutes les dépenſes d'adminiſtration,
il lui faut des agens richement ſoldés en proportion de la magnificence du trône ; qu'étant
eſſentiellement militaire , il ſuſcite ſans ceſſe des
guerres étrangeres, entretient la haine des nations,
& même , en temps de paix , les force à ſe ruiner
pour pouvoir un jour ſe défendre.

Enfin , quel tableau effrayant de dévaſtation & de
miſere , quelle ſérie interminable de calamités pré-
ſenteroit l'hiſtoire des guerres qu'a enfantées le
ſyſtéme déſaſtreux des gouvernemens héréditaires !
La plupart de nos guerres inteſtines , toutes nos
régences orageuſes n'ont eu d'autre origine. Pendant cent ans , les Anglais ſe ſont battus pour les
maiſons d'York & de Lancaſtre, ſe diſputant l'hé-
rédité du trône. Nous avons dévaſté l'Italie &
ruiné notre pays , pour un prétendu droit de
Charles VIII au trône des deux Siciles. La guerre
de la ſucceſſion d'Eſpagne eſt l'époque de nos plus
grandes défaites , & la premiere cauſe de l'épuiſe-
ment total de nos finances : tout récemment le
ſtathoudérat héréditaire vient de bouleverſer la
Hollande ; en un mot , de toutes les erreurs politiques , aucune n'a produit autant de maux que le
ſyſtême abſurde des gouvernemens héréditaires.

D. Ne s'enſuit - il pas de ce que vous venez

de dire, que pour le bonheur des nations, un trône électif seroit préférable à une couronne héréditaire ?

R. Concluez-en plutôt qu'ils font l'un & l'autre des inftrumens de calamité publique, imaginés pour le bien de quelques-uns & le malheur du grand nombre.

D. Le gouvernement républicain n'a-t-il pas auffi fes inconvéniens comme tout autre ?

R. Il en a fans doute plufieurs, dont les plus dangereux font l'ambition & l'intrigue. Dans un pays où chacun peut parvenir à tout, chacun fe croit capable de tout. L'homme éclairé, mais fincere, qui dit au peuple la vérité, ne flatte ni fes paffions ni fes goûts, ne va point étalant dans les affemblées publiques une éloquence fauffe & verbeufe, ou hypocrite & menfongere, celui-là ne parvient guere aux grands emplois ; tandis que la médiocrité, toujours intrigante & vaniteufe, s'éleve promptement à tout, brouille & gâte tout.

D. N'y auroit-il pas quelque moyen d'empêcher les effets de l'intrigue dans la république ?

R. Ce vice eft fi étroitement lié à la nature du gouvernement républicain, que rien ne le peut totalement anéantir. Cependant, d'après la conftitution françaife, où l'on a fagement réglé que des électeurs nommés par le peuple, & non le peuple lui-même, nommeroient aux fonctions les plus importantes, il y auroit des moyens puif-

fans de déjouer l'intrigue , même en foutenant l'in-
tégrité chancelante de quelques électeurs.

Ces moyens feroient , 1°. d'interdire aux électeurs la faculté de fe nommer entr'eux ; 2°. de les
obliger à figner les bulletins qu'ils préfentent au
fcrutin ; 3°. de tenir une lifte de ces bulletins , avec
le nom des votans, la publier après l'élection , &
l'envoyer à chaque commune.

D. Quoi qu'il en puiffe être de la forme des
élections & des moyens de les rectifier , la France
n'eft-elle pas un état trop étendu pour être gou-
vernée en république ?

R. D'abord ne parlons point des formes répu-
blicaines connues fous le nom de démocratie &
d'ariftocratie , ou même des gouvernemens mix-
tes, compofés, comme en Suiffe & à Geneve, de
l'une & de l'autre : toutes ces fortes de gouvernemens font impropofables parmi nous. Mais il
en eft tout autrement de la république repréfentative, fyftême de gouvernement fimple & popu-
laire , le feul qui foit dans la nature, le feul
propre à conferver la liberté , s'adaptant fi bien à
tous les degrés d'étendue & du territoire, & de
la population , qu'il fuffiroit feul à régir l'univers.

D. Que feroit donc la France érigée en république repréfentative ?

R. Elle formeroit un état gouverné par des
repréfentans élus, exerçant, les uns, le pouvoir légiflatif, les autres, le pouvoir exécutif, chargés

de l'adminiſtration générale du royaume , tant au dedans qu'au dehors ; en un mot, elle feroit, dans le fond , ce qu'elle eſt aujourd'hui, ce que font depuis dix ans les états-unis d'Amérique , avec la différence qu'elle ſe garderoit de former, comme eux , une république fédérative.

D. Pourquoi la France ne formeroit-elle pas une république fédérative , comme la Suiſſe & l'Amérique ?

R. Les états-unis de l'Amérique , ainſi que les cantons ſuiſſes , ont chacun leur conſtitution & leur régime particulier, & ſont en outre liés enſemble par un pacte fédératif. Les Suiſſes iſolés , pour ainſi dire , en Europe, inacceſſibles dans leurs rochers ; les Américains , ſeuls & maîtres d'un vaſte continent, placés à deux mille lieües du ſéjour des deſpotes , ont pu , les uns & les autres , adopter impunément cette forme de gouvernement, bien qu'elle anéantiſſe l'unité du corps politique, favoriſe les diſcordes , le démembrement & l'invaſion : la France , au contraire , placée au centre de l'Europe , acceſſible de tous côtés , environnée de deſpotes rugiſſant autour de ſes frontieres, ne peut réſiſter à leurs forces combinées, qu'en reſtant parfaitement une , formant, pour ainſi dire , une république de freres , ſous la même conſtitution & les mêmes lois.

D. Si la convention nationale adopte la république repréſentative, ne faut-il pas faire des chan-

gemens notables dans l'organifution du corps légiflatif ?

R. Nul doute que le corps légiflatif ne fe partage alors en deux chambres, non telles qu'elles
exiftent en Angleterre, & que les voudroit l'ariftocratie françaife, mais feulement en deux fec-
tions des mêmes repréfentans élus par le peuple ;
les uns chargés de faire les Lois, les autres, en
plus petit nombre, chargés de les révifer & les
fanctionner.

D. Pourquoi une chambre de révifion, qui peut
entraver la légiflature, & ramener tous les inconvéniens attachés à la fanction royale ?

R. Les bonnes lois étant l'objet le plus effentiel
au bonheur commun, l'œuvre la plus difficile de
l'efprit humain, on ne fauroit trop fe précautionner
contre les erreurs & les méprifes où fe peut laiffer
induire une feule affemblée, foit par précipitation
ou inadvertance, foit par les combinaifons de l'intrigue, ou même par l'éloquence dangereufe de quelques-uns de fes membres. La cenfure d'un petit nombre d'hommes étrangers aux divers partis qui ont
ou propofé ou combattu la loi, toujours aidés de
l'expérience de plufieurs membres du confeil exécutif, paroît propre à écarter ces erreurs, fans
faire craindre les inconvéniens de la fanction
royale.

D. Eft-il vraifemblable que fous un gouvernement républicain, le corps légiflatif fût renou-

velé tous les deux ans & en totalité, ainſi que le preſcrit la conſtitution de 91 ?

R. En renouvelant, au bout de deux ans, la légiſlature toute entiere, en y appelant un auſſi grand nombre de députés, l'aſſemblée conſtituante a eu pour but de rendre la liſte civile incapable de la corrompre ; & ſi jamais elle en venoit à bout, elle a voulu qu'aucun levain impur ne pût empoiſonner les légiſlatures ſuivantes. Ces motifs de crainte ne pouvant exiſter ſous un gouvernement républicain, il eſt naturel qu'on profite de l'expérience des uns pour éclairer les autres, & que les légiſlatures ſe renouvellent tous les ans par tiers ou par moitié, ſans cependant trop multiplier les aſſemblées primaires & électorales qui doivent pourvoir à ces remplacemens.

CHAPITRE IV.

De la nouvelle Révolution.

D. EST-IL donc vrai qu'il faut recommencer une nouvelle révolution ?

R. Il le faut néceſſairement, ſous peine de perdre le fruit de la premiere.

D. Quel eſt enfin le but de celle-ci ?

R. Celle-ci a pour but de mettre le complément

à celle de 89 ; d'élever l'édifice dont l'autre a posé les fondemens.

D. Expliquez-moi cette énigme, que je n'entends guere ?

R. L'explication en eſt facile ; la voici en deux mots : votre conſtitution étoit groſſe de la république ; elle accouche aujourd'hui ; c'eſt à vous de ſoigner l'enfant, ſi vous voulez qu'il proſpere.

D. Pourquoi dites-vous que la conſtitution étoit groſſe de la république ?

R. Parce que là où le peuple nomme ſes légiſlateurs, ſes adminiſtrateurs, ſes juges & même ſes prêtres ; où il n'exiſte ni nobleſſe, ni charges héréditaires, ni droits féodaux, ni corps privilégiés, un roi s'élevant au-deſſus du niveau général, eſt un être alarmant & déplacé, ou plutôt un hors-d'œuvre ridicule dont on doit bien vîte ſe débarraſſer.

D. Comment nos conſtituans de 89 n'ont-ils pas apperçu qu'élevant la royauté ſur une baſe républicaine, il en réſulteroit un mêlange incohérent, qui n'auroit ni conſiſtance ni durée ?

R. En cela, comme en beaucoup d'autres choſes, nos conſtituans, qu'on blâme ſi leſtement aujourd'hui, ont fait ce qu'ils ont pu faire relativement aux circonſtances. Si, dès l'origine, ils euſſent annoncé une tendance bien prononcée vers le gouvernement républicain, la France, encore engouée de l'amour de ſes rois, croyant franche-

ment à la loyauté de Louis XVI, les eût honnis &
abandonnés. Dans cet état de chofes, que pou-
voient-ils de mieux que de pofer dans la conftitution le germe de la république ? Ce germe devoit
éclore naturellement & fans bruit lors de la révifion de l'acte conftitutionnel : les lumieres qu'ont
répandues trois ans de difcuffions politiques, &,
plus que tout, les intrigues des émigrés & les per-
fidies de la cour, en ont hâté le développe-
ment ; il eft prêt à éclore.

D. Ne feroit-il donc pas poffible de conferver
la liberté fous un gouvernement monarchique ?

R. J'ai déjà dit que les rois feront toujours les
plus dangereux ennemis de la liberté des peuples,
& l'hiftoire ne nous fournit pas d'exemple d'un
pays qui ait refté libre fous la domination d'un
monarque. Voyez fi les Américains, les Suiffes
& les Hollandais ont appelé des rois quand ils
ont reconquis leur liberté ; voyez ce qu'il en
coûte à ces derniers pour avoir établi un ftathou-
dérat héréditaire, & s'être voulu jouer avec ce
fimulacre de la royauté.

D. Toute l'Europe ne va-t-elle pas époufer
la querelle de Louis XVI, & la France feule
peut-elle réfifter à la ligue formidable des defpotes de tous les climats ?

R. Il faut s'attendre à cette coalition odieufe ;
mais obfervez que la France peut lever & entretenir 600 mille combattans ; que ces defpotes

réunis, tremblant pour eux-mêmes, ruinés depuis long - temps par la déprédation de leurs
finances, n'en peuvent oppofer plus de la moitié ; que nos foldats fe battront dans leur pays,
& pour leur pays ; qu'aujourd'hui l'énergie du
patriotifme eft à fon comble, & dégénere en
fanatifme ; que pour arrêter la révolution, il faut
conquérir le royaume tout entier, ce qui n'a pas
été fait depuis Jules-Céfar ; qu'après l'avoir conquis, il faut le conferver, & que vingt mille
hommes dans chaque département ne fuffiroient
pas à contenir les mécontens ; que ces armées
innombrables, il faudroit les tenir fur pied pendant
plufieurs années , & jufqu'à ce que l'efprit public
eût changé ; qu'il faudroit les recruter chez l'étranger ; que nul Français ne payeroit des fubfides
fans y être forcé : & après toutes ces réflexions,
voyez fi la contre-révolution , faite à main armée,
eft une entreprife facile.

D. Mais les ennemis de la patrie ne font-ils
pas en grand nombre parmi nous, prêts à tout
facrifier pour le fuccès de cette contre-révolution tant défirée ?

R. Ces ennemis font tous gens qui vivoient
des abus ; & ceux-là, il faut l'avouer, font en
grand nombre, fur - tout dans les villes. Mais
encore là, dans quelles claffes d'hommes les
comptez-vous ? Ce font pour la plupart des prêtres, des gens de robe, des vieillards, des ci-de-

vant nobles. Or, tous ces gens-là font peu propres au maniement des armes, hors les nobles, & ceux-ci, en émigrant ou foudoyant des émigrés, nous ont déjà fait tout le mal qu'ils nous pouvoient faire.

D. Comptez-vous pour rien une armée de cent mille Vandales, s'avançant vers la capitale, prenant vos villes auffi leftement que les Ifraélites prirent jadis la ville de Jérico ?

R. Pour compter tout au pire, je fuppofe qu'encore vos villes fe rendent fans combattre, que vos généraux vous trahiffent, que quelque grande bataille foit perdue, qu'enfin les ennemis foient maîtres de Paris ; ce font là de grands revers fans doute auxquels vous ne devez guere vous attendre. Mais, après tout cela, le royaume eft-il conquis ? la France eft-elle foumife ? A Marfeille, Bordeaux, Touloufe, la voix du tyran fera-t-elle écoutée ? A deux cents lieues de la terre qu'il opprime, & que fa préfence déshonore, fes ordres feront-ils bien refpectés ?

Ce n'eft pas tout encore d'entrer en France, il faut s'affurer d'une retraite ; il y faut fubfifter, hiverner, divifer une armée nombreufe, & la répandre pendant cinq mois parmi les habitans du pays. Or, quel eft le defpote affez fou pour laiffer fes efclaves refpirer un feul jour l'air contagieux de la liberté ? Ne s'expoferoit-il pas à perdre en un inftant fon armée & fa couronne?

Et tous ces hafards , ces dangers qu'il provoque comme à plaifir, pour quel grand deffein va-t-il les braver ? Pour rétablir un roi parjure dont il n'a rien à efpérer , pour lui foumettre une nation belliqueufe dont il a tout à craindre.

D. Mais la caufe de Louis XVI n'eft-elle pas celle de tous les rois ?

R. Oui, fans doute. Mais auffi la caufe des Français n'eft-elle pas la caufe de tous les peuples ? Et dans cette lutte inégale des peuples contre les rois, penfez-vous que la victoire fût long-temps incertaine ?

D. Eft-ce que vous croiriez tous les peuples de l'Europe déjà mûrs à la liberté ?

R. Grâces au defpotifme des rois & des prêtres , tous, fans en excepter les Anglais , font opprimés par l'avidité du fifc , & indignés contre la richeffe du clergé. Ces deux caufes préparent en filence des révolutions qui finiront par amener en Europe la liberté générale.

D. Dans cet état de chofes , qu'auroient de mieux à faire tous les defpotes européens ?

R. De compofer avec leurs efclaves, de facrifier quelque chofe à la juftice & à la néceffité ; en un mot, pour prévenir les révolutions populaires, d'en faire éclore d'autres qu'il leur fût plus aifé de modérer & de conduire. L'Efpagne nous paroît tendre à ce but. La cour de France l'eût facilement atteint , fans le clergé & la nobleffe qui l'entraînerent à l'irréparable faute du mois de Juillet 89, en forçant l'armée de prendre un parti, & d'opter entre le defpotifme & la liberté.

D. Quoi qu'il en foit des fautes de la cour, dont nous devons plutôt nous féliciter que nous plaindre, ne vous paroît-il pas que la révolution de 92 prend un caractere bien différent de celle de 89 ?

R. Elle eft un peu mieux dans le ftyle des révolutions. Toutes fe font par la force, & celles-là fe foutiennent qui font fondées fur la juftice.

D. Quels font les plus fûrs moyens de la faire réuffir ?

R. Où il ne manque ni force ni courage, il ne faut qu'union, bonne intelligence & refpect pour les lois. Dans l'anarchie, l'homme fage feroit forcé d'abandonner le timon ; le mauvais pilote s'en empareroit, & le vaiffeau feroit naufrage.

D. Quoique toute révolution entraîne des défordes, n'eft-il pas plus facile de les contenir aujourd'hui que par ci-devant ?

R. Dans l'origine de la révolution de 89, l'opinion publique avoit profcrit les anciennes lois, & les nouvelles n'exiftoient pas encore. Ce paffage redoutable fut le défilé de l'anarchie. Aujourd'hui la machine politique eft montée ; tout eft en mouvement, il fuffit de ne point entraver fa marche.

D. Mais la convention nationale devant réformer les lois, ne peut-on pas dès aujourd'hui commencer à s'y fouftraire ?

R. La convention ne réformera que quelques lois conftitutionnelles ; les autres , pour la plupart, font évidemment bonnes, & refteront. Mais dût-elle les réformer toutes , comme elle en a le droit, nous ne pouvons , en attendant, nous y fouftraire fans crime. Il n'y a qu'un fou , un malfaiteur ou un ariftocrate qui puiffent penfer autrement.

CHAPITRE V.

De la Convention nationale.

D. D'où nous vient ce mot de *Convention*, auffi étranger à nos dictionnaires que la chofe eft nouvelle parmi nous ?

R. Ce mot, d'abord adopté dans la langue anglaife , bien que dans le fait il n'y ait jamais eu de convention nationale en Angleterre , inconnu dans la nôtre , & qui feul, il y a quatre ans , eût valu à fon auteur les honneurs de la baftille , ce mot vient du latin *convenire*, qui fignifie *s'affembler*. Ainfi toute affemblée eft dans la vérité une convention ; & du temps de Charlemagne , l'affemblée générale de la nation au champ de Mars ou de Mai, (car nos affemblées nationales

font

font plus anciennes qu'on ne penfe) s'appeloit *conventus generalis.*

D. Notre affemblée conftituante de 89 étoit donc une vraie convention nationale ?

R. On ne peut pas tout-à-fait en convenir. L'affemblée de 89, dans fon origine, étoit proprement les états-généraux, inventés par Philippe le Bel pour faire oublier les affemblées nationales du temps de Charlemagne. Or, les états-généraux renfermoient fans doute les élémens qui conftituent une convention nationale ; favoir, les membres du ci-devant tiers-état, repréfentant eux feuls le corps de la nation ; mais, en outre, ils contenoient des ordres privilégiés, qui n'étant point délégués du peuple français, faifoient que cet enfemble bifarre n'étoit plus une convention nationale.

D. Sur quels fujets doit d'abord délibérer toute convention nationale ?

R. Suivant Jean-Jacques, l'ouverture de ces affemblées doit toujours fe faire par ces deux propofitions :

La premiere, *s'il plaît au fouverain de conferver la préfente forme de gouvernement.*

La feconde, *s'il plaît au peuple d'en laiffer l'adminiftration à ceux qui en font actuellement chargés.*

D. Croyez-vous que la convention actuelle

réponde à la premiere de ces queſtions, comme y a répondu l'aſſemblée de 89 ?

R. L'aſſemblée de 89 n'a jamais mis en queſtion s'il falloit changer la nature du gouvernement, & j'en ai dit les raiſons plus haut. Celle-ci appelée exprès, & venant dans un temps plus propice, va parler & agir autrement.

D. Quels ſont les principaux objets qui vont l'occuper ?

R. Les plus grands & les plus difficiles : juger la royauté & le roi, faire la guerre à toute l'Europe, contenir les partis, modérer l'ardeur révolutionnaire de la capitale, entretenir l'union entre les patriotes.

D. Quel eſpoir avez-vous que la convention ſera compoſée de gens capables de ſi grandes entrepriſes ?

R. Elle renfermera les membres les plus diſtingués de l'aſſemblée de 89 ; elle conſervera les patriotes les plus zélés & les plus courageux de cette légiſlature, ſans compter un grand nombre d'autres qui ne ſe ſont pas montrés encore, & que quatre ans de diſcuſſions politiques auront rendu dignes de figurer ſur ce grand théâtre.

D. N'eſt-il pas aiſé de prévoir l'eſprit qui régnera dans cette aſſemblée ?

R. Nous connoiſſons les principes de deux cents membres de la légiſlature qui vont y paſſer ; la majorité ne peut manquer d'être de ce côté-là,

D. Que penfer de ceux qui difent que la convention nationale ne fera que le réfultat & l'organe du parti jacobite ?

R. Qu'ils font abfurdes & méchans : abfurdes, en ce qu'ils prennent la nation pour un parti, comme fi la nation pouvoit être factieufe ; méchans, en ce qu'ils jettent des préventions défavorables fur l'affemblée , avant même qu'elle exifte , efpérant par là diminuer l'afcendant qu'elle doit avoir fur le peuple.

D. Que doit faire la convention , fi elle a pour but d'établir la république ?

R. Il feroit fage de commencer par contenir les partis , arrêter la turbulence ambitieufe de quelques-uns qui rendroient le nouveau régime intolérable à beaucoup d'autres ; repouffer les ennemis , & les forcer de convenir que, de droit & de fait , nous devons être maîtres chez nous. Ce point une fois obtenu, tout le refte eft facile ; & le peuple , accoutumé à voir marcher le gouvernement & faire la guerre fans un roi, trouvera tout fimple de s'en paffer pour toujours.

D. Y a-t-il de grands changemens à faire dans la conftitution pour la rendre purement républicaine ?

R. Il fuffit de fupprimer le chapitre de la royauté , porter quelque légere modification dans le corps légiflatif & le gouvernement. On peut laiffer fubfifter tout le refte.

D. La république avec ſes inconvéniens (car il y en a par-tout) n'eſt-elle pas la meilleure forme de gouvernement ?

R. Il paroît que tous les hommes l'ont penſé ainſi. Nul peuple, après avoir conquis la liberté, ne s'eſt donné un gouvernement monarchique, à moins qu'il n'y ait été forcé par les circonſtances, comme il arriva aux Anglais lors de leur révolution, & aux Français en 89. Platon, voulant donner le modele du parfait gouvernement, vous a préſenté une république.

D. Que feront nos ennemis pendant la durée de la convention ?

R. Ceux du dedans trembleront, & ſe tiendront heureux d'être oubliés ; ceux du dehors, inſolens s'ils ſont les plus forts, ſe retireront bientôt s'ils ſont battus, c'eſt-à-dire, s'ils trouvent chez nous union & courage.

D. Quel ſera le langage de ces brigands, quand ils ne pourront nous empêcher d'être maîtres chez nous ?

R. Ils diront à leurs imbécilles eſclaves que nous ſommes des rebelles ; & pour nous rendre plus odieux à quelques-uns, le ſaint pere, dans ſa bonté, nous déclarera ſchiſmatiques : malheur bien grand ſans doute, mais auquel il faut s'attendre.

D. La déchéance une fois prononcée, eſt-il vraiſemblable que Louis XVI fût long-temps ſoutenu par les autres rois ?

R. Encore un coup, tout cela dépend de notre bonne contenance vis-à-vis de ces gens-là. Mais en général les rois ne fè battent que pour leur profit. Qu'a fait Louis XIV pour fon parent le roi d'Angleterre chaffé du trône ? Qu'a fait Louis XV pour fon beau-pere détrôné ? Rien du tout, ou du moins très-peu de chofe : tant il eft vrai que même aux yeux des defpotes, *rien de plus laid qu'une tête découronnée.*

D. Ces rois ligués ont-ils autant d'intérêt d'empêcher la république, que de renverfer la conftitution de 91 ?

R. Non, fans doute. Cette conftitution de 91 les faifoit frémir, & avec raifon, parce qu'il étoit plus aifé à leurs fujets de former le projet de l'adopter, que de fe livrer à un affez grand mouvement pour furmonter l'opinion générale, & s'ériger en république.

D. La légiflature qui finit, pouvoit-elle juger Louis XVI, & prononcer la déchéance fi elle étoit encourue ?

R. Elle le pouvoit, d'après la conftitution dont le dépôt étoit confié à fa fidélité ; mais à condition de ne rien changer dans la fucceffion héréditaire de la couronne. C'eft le point qu'elle ne pouvoit ni ne devoit décider.

D. Pourquoi ne devoit-elle pas le décider ?

R. Parce qu'étant hors de la conftitution, il étoit hors de fa fphere.

D. Suppofant la déloyauté de Louis XVI auffi bien prouvée qu'elle eft probable , ne doit-il pas être puni par la convention ?

R. Louis XVI ne peut être jugé que d'après la conftitution de 91 , qui étoit la feule loi exiftante lorfque le délit a été commis. Or, cette conftitution rend fa perfonne inviolable , tant qu'il demeure roi , & ne prononce d'autre peine que celle de la déchéance.

D. Que faire de Louis XVI une fois qu'il feroit déchu ?

R. Ne lui point faire de mal , mais empêcher qu'il n'en pût faire.

F I N.